KB276061

여정
필사노트

Season 3. 성도의 삶

이엮임 지음 • 여정리더팀 공동연구

Dear Deer

* 성경 분문은 개역개정판을 사용했습니다.

목차

BALM 운동이란?

여정 필사노트 시즌 3에는 이전 필사노트와 달리 BALM 운동을 위한 지면이 있습니다.

『세상을 놀라게 하라』의 저자 마이클 프로스트는 로마제국을 뒤흔든 초대교회 그리스도인들의 두 가지 삶의 방식을 들려줍니다. 하나는 베드로와 바울 같은 복음 전도자와 변증가들이 복음을 직접 전파하는 삶을 산 것입니다. 다른 하나는 많은 수의 평범한 신자들이 사회 각 분야에 스며들어 궁금증을 유발하는 삶을 살아감으로써, 사람들로 하여금 복음에 대한 호기심을 불러일으킨 것입니다.

이 평범한 신자들의 삶은 당시 로마 사회의 상식을 완전히 뒤엎는 것이었습니다. 그들은 가난한 자들을 먹이고, 모든 나그네를 환대했습니다. 노예의 신분을 따지지 않고 형제자매로 품었으며, 민족의 경계를 넘어 누구와도 교제했습니다. 남녀의 평등한 관계와 가정의 화목을 실천했습니다. 그들의 삶은 그 자체로 로마 사회에 던진 강력한 도전이었고, 사람들은 이런 삶을 보며 깊은 궁금증을 품게 되었습니다.

오늘날 우리의 삶은 어떤가요? 사람들에게 궁금증을 일으키고 있나요?
사람들은 우리를 보며 "도대체 왜 저렇게 살아가지?"라고 질문하나요?

"너희 마음에 그리스도를 주로 삼아 거룩하게 하고
너희 속에 있는 소망에 관한 이유를 묻는 자에게는 대답할 것을 항상 준비하되
온유와 두려움으로 하고 선한 양심을 가지라.
이는 그리스도 안에 있는 너희의 선행을 욕하는 자들로
그 비방하는 일에 부끄러움을 당하게 하려 함이라"
(베드로전서 3:15-16)

선교적 삶(missional life)은 단순한 종교적 실천을 넘어섭니다. 그것은 일상의 매 순간에서 하나님 나라를 드러내는 파격적인 삶의 방식입니다. 우리의 모든 행동과 말이 하나님의 통치를 보여주는 살아있는 증거가 되는 것입니다. 이를 위해 우리에게는 일상의 훈련이 필요합니다.

그래서 마이클 프로스트의 BELLS(Bless-Eat-Listen-Learn-Sent) 운동을 한국적 맥락에 맞게 재해석한 'BALM(향유) 운동'을 제안합니다. BALM은 Bless & Hospitality(축복과 환대), Ask & Listen(질문과 경청), Learn Jesus(예수님 배우기), Move to the World(세상으로 나아가기)의 약자로, 우리의 일상이 세상을 치유하는 향유가 되게 하는 실천적 운동입니다.

진정 중요한 것은 예수님의 말과 행동 속에서 하나님의 심정을 발견하는 것입니다. 사회의 기준으로 나와 타인을 판단하는 대신, 예수님께서 보여주신 하나님의 마음으로 다시 바라보는 변화가 필요합니다.

이러한 마음의 변화가 바로 선교적 삶의 시작입니다. 예수님께서 사회적 통념을 뛰어넘어 사랑과 긍휼로 응답하셨듯이, 우리도 그분을 통해 드러난 하나님의 심정을 품고 살아갈 때 BALM 운동이 꿈꾸는 선교적 삶이 실현될 수 있습니다.

매주 필사를 마무리 지으며 BALM 코너를 채워갈 때 일상의 삶이 선교적 삶으로 연결되기를 바랍니다.

Chapter 1

공감,
향유 부은 여인

Day 1

36 한 바리새인이 예수께 자기와 함께 잡수시기를 청하니 이에 바리새인의 집에 들어가 앉으셨을 때에 37 그 동네에 죄를 지은 한 여자가 있어 예수께서 바리새인의 집에 앉아 계심을 알고 향유 담은 옥합을 가지고 와서 38 예수의 뒤로 그 발 곁에 서서 울며 눈물로 그 발을 적시고 자기 머리털로 닦고 그 발에 입맞추고 향유를 부으니

필사 Note

주님과의 대화

1. 오늘 말씀에서 발견한 예수님은 어떤 분이신가요?

2. 오늘 예수님과 어떤 이야기를 나누고 싶으신가요? 마음에 품은 물음이나 고민이 있다면
   자유롭게 적어보세요.

3. 주님은 당신의 이야기와 질문에 무엇이라고 대답하시는 것 같나요? 마음에 떠오르는 생각이나
   말씀, 행동이 있다면 적어보세요.

Day 2

누가복음 7:44~46

44 그 여자를 돌아보시며 시몬에게 이르시되 이 여자를 보느냐 내가 네 집에 들어올 때 너는 내게 발 씻을 물도 주지 아니하였으되 이 여자는 눈물로 내 발을 적시고 그 머리털로 닦았으며 45 너는 내게 입맞추지 아니하였으되 그는 내가 들어올 때로부터 내 발에 입맞추기를 그치지 아니하였으며 46 너는 내 머리에 감람유도 붓지 아니하였으되 그는 향유를 내 발에 부었느니라

필사 Note

주님과의 대화

1. 오늘 말씀에서 발견한 예수님은 어떤 분이신가요?

2. 오늘 예수님과 어떤 이야기를 나누고 싶으신가요? 마음에 품은 물음이나 고민이 있다면
   자유롭게 적어보세요.

   "

   "

3. 주님은 당신의 이야기와 질문에 무엇이라고 대답하시는 것 같나요? 마음에 떠오르는 생각이나
   말씀, 행동이 있다면 적어보세요.

   "

   "

Day 3

예수를 청한 바리새인이 그것을 보고 마음에 이르되 이 사람이 만일 선지자라면 자기를
만지는 이 여자가 누구며 어떠한 자 곧 죄인인 줄을 알았으리라 하거늘

필사 Note

주님과의 대화

1. 오늘 말씀에서 발견한 예수님은 어떤 분이신가요?

2. 오늘 예수님과 어떤 이야기를 나누고 싶으신가요? 마음에 품은 물음이나 고민이 있다면
   자유롭게 적어보세요.

3. 주님은 당신의 이야기와 질문에 무엇이라고 대답하시는 것 같나요? 마음에 떠오르는 생각이나
   말씀, 행동이 있다면 적어보세요.

주님과의 대화

Day 4

40 예수께서 대답하여 이르시되 시몬아 내가 네게 이를 말이 있다 하시니 그가 이르되 선생님 말씀하소서 41 이르시되 빚 주는 사람에게 빚진 자가 둘이 있어 하나는 오백 데나리온을 졌고 하나는 오십 데나리온을 졌는데 42 갚을 것이 없으므로 둘 다 탕감하여 주었으니 둘 중에 누가 그를 더 사랑하겠느냐 43 시몬이 대답하여 이르되 내 생각에는 많이 탕감함을 받은 자니이다 이르시되 네 판단이 옳다 하시고

필사 Note

1. 오늘 말씀에서 발견한 예수님은 어떤 분이신가요?

2. 오늘 예수님과 어떤 이야기를 나누고 싶으신가요? 마음에 품은 물음이나 고민이 있다면
   자유롭게 적어보세요.

3. 주님은 당신의 이야기와 질문에 무엇이라고 대답하시는 것 같나요? 마음에 떠오르는 생각이나
   말씀, 행동이 있다면 적어보세요.

Day 5

44 그 여자를 돌아보시며 시몬에게 이르시되 이 여자를 보느냐 내가 네 집에 들어올 때 너는 내게 발 씻을 물도 주지 아니하였으되 이 여자는 눈물로 내 발을 적시고 그 머리털로 닦았으며 45 너는 내게 입맞추지 아니하였으되 그는 내가 들어올 때로부터 내 발에 입맞추기를 그치지 아니하였으며 46 너는 내 머리에 감람유도 붓지 아니하였으되 그는 향유를 내 발에 부었느니라 47 이러므로 내가 네게 말하노니 그의 많은 죄가 사하여졌도다 이는 그의 사랑함이 많음이라 사함을 받은 일이 적은 자는 적게 사랑하느니라 48 이에 여자에게 이르시되 네 죄 사함을 받았느니라 하시니 49 함께 앉아 있는 자들이 속으로 말하되 이가 누구이기에 죄도 사하는가 하더라 50 예수께서 여자에게 이르시되 네 믿음이 너를 구원하였으니 평안히 가라 하시니라

필사 Note

주님과의 대화

1. 오늘 말씀에서 발견한 예수님은 어떤 분이신가요?

2. 오늘 예수님과 어떤 이야기를 나누고 싶으신가요? 마음에 품은 물음이나 고민이 있다면
   자유롭게 적어보세요.

3. 주님은 당신의 이야기와 질문에 무엇이라고 대답하시는 것 같나요? 마음에 떠오르는 생각이나
   말씀, 행동이 있다면 적어보세요.

주님과의 대화

BALM *Week 1*

Bless & Hospitality
이번 주에 했던 축복과 환대를 적어봅니다.

일시	축복하고 환대한 대상	축복하고 환대한 방법

축복과 환대를 위한 Idea

온라인 선물 발송하기, 전화하기, 문자나 톡 보내기, 생일 축하하기, 카페나 음식점에서 만나기, 책이나 선물 준비해서 주기,
집으로 초대해 함께 식사하기, 내 돈으로는 못 가볼 음식점 예약하기, 호텔에서의 쉼 제공하기, 필요한 교육 비용 제공하기,
가족여행을 위한 비용이나 숙박, 학비, 기숙사비, 병원비 등 큰 비용을 제공하기 등

Ask & Listen
이번 주에 말씀을 읽거나 기도하며 들었던 생각을 적어봅니다.

Learn Jesus

이번 주에 말씀을 필사하며 예수님에 관해 새롭게 알게 된 내용을 적어봅니다.

Move to the world

이번 주에 여러분이 속한 사회와 공동체가 더 건강해지는 데 기여한 일을 적어봅니다.

세상으로 나아가기 위한 Idea

기부하기, 화목하게 하기, 온전하게 하기, 아름답게 하기, 저항하기, 설득하기, 감사하기 등

Chapter 2

직면,
사마리아 우물가 여인

Day 1

1 예수께서 제자를 삼고 세례를 베푸시는 것이 요한보다 많다 하는 말을 바리새인들이 들은 줄을 주께서 아신지라 2 (예수께서 친히 세례를 베푸신 것이 아니요 제자들이 베푼 것이라) 3 유대를 떠나사 다시 갈릴리로 가실새 4 사마리아를 통과하여야 하겠는지라

필사 Note

주님과의 대화

1. 오늘 말씀에서 발견한 예수님은 어떤 분이신가요?

2. 오늘 예수님과 어떤 이야기를 나누고 싶으신가요? 마음에 품은 물음이나 고민이 있다면
   자유롭게 적어보세요.

3. 주님은 당신의 이야기와 질문에 무엇이라고 대답하시는 것 같나요? 마음에 떠오르는 생각이나
   말씀, 행동이 있다면 적어보세요.

Day 2

요한복음 4:5~8

5 사마리아에 있는 수가라 하는 동네에 이르시니 야곱이 그 아들 요셉에게 준 땅이 가깝고 6 거기 또 야곱의 우물이 있더라 예수께서 길 가시다가 피곤하여 우물 곁에 그대로 앉으시니 때가 여섯 시쯤 되었더라 7 사마리아 여자 한 사람이 물을 길으러 왔으매 예수께서 물을 좀 달라 하시니 8 이는 제자들이 먹을 것을 사러 그 동네에 들어갔음이러라

필사 Note

주님과의 대화

1. 오늘 말씀에서 발견한 예수님은 어떤 분이신가요?

2. 오늘 예수님과 어떤 이야기를 나누고 싶으신가요? 마음에 품은 물음이나 고민이 있다면
   자유롭게 적어보세요.

3. 주님은 당신의 이야기와 질문에 무엇이라고 대답하시는 것 같나요? 마음에 떠오르는 생각이나
   말씀, 행동이 있다면 적어보세요.

Day 3

9 사마리아 여자가 이르되 당신은 유대인으로서 어찌하여 사마리아 여자인 나에게 물을 달라 하나이까 하니 이는 유대인이 사마리아인과 상종하지 아니함이러라 10 예수께서 대답하여 이르시되 네가 만일 하나님의 선물과 또 네게 물 좀 달라 하는 이가 누구인 줄 알았더라면 네가 그에게 구하였을 것이요 그가 생수를 네게 주었으리라 11 여자가 이르되 주여 물 길을 그릇도 없고 이 우물은 깊은데 어디서 당신이 그 생수를 얻겠사옵나이까 12 우리 조상 야곱이 이 우물을 우리에게 주셨고 또 여기서 자기와 자기 아들들과 짐승이 다 마셨는데 당신이 야곱보다 더 크니이까 13 예수께서 대답하여 이르시되 이 물을 마시는 자마다 다시 목마르려니와 14 내가 주는 물을 마시는 자는 영원히 목마르지 아니하리니 내가 주는 물은 그 속에서 영생하도록 솟아나는 샘물이 되리라 15 여자가 이르되 주여 그런 물을 내게 주사 목마르지도 않고 또 여기 물 길으러 오지도 않게 하옵소서

필사 Note

주님과의 대화

1. 오늘 말씀에서 발견한 예수님은 어떤 분이신가요?

2. 오늘 예수님과 어떤 이야기를 나누고 싶으신가요? 마음에 품은 물음이나 고민이 있다면
   자유롭게 적어보세요.

3. 주님은 당신의 이야기와 질문에 무엇이라고 대답하시는 것 같나요? 마음에 떠오르는 생각이나
   말씀, 행동이 있다면 적어보세요.

주님과의 대화

Day 4

요한복음 4:20~29

[20] 우리 조상들은 이 산에서 예배하였는데 당신들의 말은 예배할 곳이 예루살렘에 있다 하더이다 [21] 예수께서 이르시되 여자여 내 말을 믿으라 이 산에서도 말고 예루살렘에서도 말고 너희가 아버지께 예배할 때가 이르리라 [22] 너희는 알지 못하는 것을 예배하고 우리는 아는 것을 예배하노니 이는 구원이 유대인에게서 남이라 [23] 아버지께 참되게 예배하는 자들은 영과 진리로 예배할 때가 오나니 곧 이 때라 아버지께서는 자기에게 이렇게 예배하는 자들을 찾으시느니라 [24] 하나님은 영이시니 예배하는 자가 영과 진리로 예배할지니라 [25] 여자가 이르되 메시야 곧 그리스도라 하는 이가 오실 줄을 내가 아노니 그가 오시면 모든 것을 우리에게 알려 주시리이다 [26] 예수께서 이르시되 네게 말하는 내가 그라 하시니라 [27] 이 때에 제자들이 돌아와서 예수께서 여자와 말씀하시는 것을 이상히 여겼으나 무엇을 구하시나이까 어찌하여 그와 말씀하시나이까 묻는 자가 없더라 [28] 여자가 물동이를 버려 두고 동네로 들어가서 사람들에게 이르되 [29] 내가 행한 모든 일을 내게 말한 사람을 와서 보라 이는 그리스도가 아니냐 하니

필사 Note

주님과의 대화

1. 오늘 말씀에서 발견한 예수님은 어떤 분이신가요?

2. 오늘 예수님과 어떤 이야기를 나누고 싶으신가요? 마음에 품은 물음이나 고민이 있다면
   자유롭게 적어보세요.

3. 주님은 당신의 이야기와 질문에 무엇이라고 대답하시는 것 같나요? 마음에 떠오르는 생각이나
   말씀, 행동이 있다면 적어보세요.

주님과의 대화

Day 5

16 이르시되 가서 네 남편을 불러 오라 17 여자가 대답하여 이르되 나는 남편이 없나이다
예수께서 이르시되 네가 남편이 없다 하는 말이 옳도다 18 너에게 남편 다섯이 있었고 지
금 있는 자도 네 남편이 아니니 네 말이 참되도다 19 여자가 이르되 주여 내가 보니 선지
자로소이다

필사 Note

주님과의 대화

1. 오늘 말씀에서 발견한 예수님은 어떤 분이신가요?

2. 오늘 예수님과 어떤 이야기를 나누고 싶으신가요? 마음에 품은 물음이나 고민이 있다면
   자유롭게 적어보세요.

3. 주님은 당신의 이야기와 질문에 무엇이라고 대답하시는 것 같나요? 마음에 떠오르는 생각이나
   말씀, 행동이 있다면 적어보세요.

BALM *Week 2*

Bless & Hospitality
이번 주에 했던 축복과 환대를 적어봅니다.

일시	축복하고 환대한 대상	축복하고 환대한 방법

축복과 환대를 위한 Idea

온라인 선물 발송하기, 전화하기, 문자나 톡 보내기, 생일 축하하기, 카페나 음식점에서 만나기, 책이나 선물 준비해서 주기, 집으로 초대해 함께 식사하기, 내 돈으로는 못 가볼 음식점 예약하기, 호텔에서의 쉼 제공하기, 필요한 교육 비용 제공하기, 가족여행을 위한 비용이나 숙박, 학비, 기숙사비, 병원비 등 큰 비용을 제공하기 등

Ask & Listen
이번 주에 말씀을 읽거나 기도하며 들었던 생각을 적어봅니다.

Learn Jesus

이번 주에 말씀을 필사하며 예수님에 관해 새롭게 알게 된 내용을 적어봅니다.

Move to the world

이번 주에 여러분이 속한 사회와 공동체가 더 건강해지는 데 기여한 일을 적어봅니다.

세상으로 나아가기 위한 Idea

기부하기, 화목하게 하기, 온전하게 하기, 아름답게 하기, 저항하기, 설득하기, 감사하기 등

Chapter 3

겸손,
수로보니게 여인

Day 1

마태복음 15:21~23

21 예수께서 거기서 나가사 두로와 시돈 지방으로 들어가시니 22 가나안 여자 하나가 그 지경에서 나와서 소리 질러 이르되 주 다윗의 자손이여 나를 불쌍히 여기소서 내 딸이 흉악하게 귀신 들렸나이다 하되 23 예수는 한 말씀도 대답하지 아니하시니 제자들이 와서 청하여 말하되 그 여자가 우리 뒤에서 소리를 지르오니 그를 보내소서

필사 Note

주님과의 대화

1. 오늘 말씀에서 발견한 예수님은 어떤 분이신가요?

2. 오늘 예수님과 어떤 이야기를 나누고 싶으신가요? 마음에 품은 물음이나 고민이 있다면
   자유롭게 적어보세요.

   "

   "

3. 주님은 당신의 이야기와 질문에 무엇이라고 대답하시는 것 같나요? 마음에 떠오르는 생각이나
   말씀, 행동이 있다면 적어보세요.

   "

   "

Day 2

24 예수께서 대답하여 이르시되 나는 이스라엘 집의 잃어버린 양 외에는 다른 데로 보내심을 받지 아니하였노라 하시니 25 여자가 와서 예수께 절하며 이르되 주여 저를 도우소서 26 대답하여 이르시되 자녀의 떡을 취하여 개들에게 던짐이 마땅하지 아니하니라

필사 Note

주님과의 대화

1. 오늘 말씀에서 발견한 예수님은 어떤 분이신가요?

2. 오늘 예수님과 어떤 이야기를 나누고 싶으신가요? 마음에 품은 물음이나 고민이 있다면
   자유롭게 적어보세요.

“

”

3. 주님은 당신의 이야기와 질문에 무엇이라고 대답하시는 것 같나요? 마음에 떠오르는 생각이나
   말씀, 행동이 있다면 적어보세요.

“

”

주님과의 대화

Day 3

마태복음 15:27~28

27 여자가 이르되 주여 옳소이다마는 개들도 제 주인의 상에서 떨어지는 부스러기를 먹나이다 하니 28 이에 예수께서 대답하여 이르시되 여자여 네 믿음이 크도다 네 소원대로 되리라 하시니 그 때로부터 그의 딸이 나으니라

필사 Note

주님과의 대화

1. 오늘 말씀에서 발견한 예수님은 어떤 분이신가요?

2. 오늘 예수님과 어떤 이야기를 나누고 싶으신가요? 마음에 품은 물음이나 고민이 있다면
   자유롭게 적어보세요.

3. 주님은 당신의 이야기와 질문에 무엇이라고 대답하시는 것 같나요? 마음에 떠오르는 생각이나
   말씀, 행동이 있다면 적어보세요.

Day 4

2 어떤 백부장의 사랑하는 종이 병들어 죽게 되었더니 3 예수의 소문을 듣고 유대인의 장로 몇 사람을 예수께 보내어 오셔서 그 종을 구해 주시기를 청한지라 4 이에 그들이 예수께 나아와 간절히 구하여 이르되 이 일을 하시는 것이 이 사람에게는 합당하니이다 5 그가 우리 민족을 사랑하고 또한 우리를 위하여 회당을 지었나이다 하니

필사 Note

주님과의 대화

1. 오늘 말씀에서 발견한 예수님은 어떤 분이신가요?

2. 오늘 예수님과 어떤 이야기를 나누고 싶으신가요? 마음에 품은 물음이나 고민이 있다면
   자유롭게 적어보세요.

3. 주님은 당신의 이야기와 질문에 무엇이라고 대답하시는 것 같나요? 마음에 떠오르는 생각이나
   말씀, 행동이 있다면 적어보세요.

Day 5

누가복음 7:6~10

6 예수께서 함께 가실새 이에 그 집이 멀지 아니하여 백부장이 벗들을 보내어 이르되 주여 수고하시지 마옵소서 내 집에 들어오심을 나는 감당하지 못하겠나이다 7 그러므로 내가 주께 나아가기도 감당하지 못할 줄을 알았나이다 말씀만 하사 내 하인을 낫게 하소서 8 나도 남의 수하에 든 사람이요 내 아래에도 병사가 있으니 이더러 가라 하면 가고 저더러 오라 하면 오고 내 종더러 이것을 하라 하면 하나이다 9 예수께서 들으시고 그를 놀랍게 여겨 돌이키사 따르는 무리에게 이르시되 내가 너희에게 이르노니 이스라엘 중에서도 이만한 믿음은 만나보지 못하였노라 하시더라 10 보내었던 사람들이 집으로 돌아가 보매 종이 이미 나아 있었더라

필사 Note

주님과의 대화

1. 오늘 말씀에서 발견한 예수님은 어떤 분이신가요?

2. 오늘 예수님과 어떤 이야기를 나누고 싶으신가요? 마음에 품은 물음이나 고민이 있다면
   자유롭게 적어보세요.

3. 주님은 당신의 이야기와 질문에 무엇이라고 대답하시는 것 같나요? 마음에 떠오르는 생각이나
   말씀, 행동이 있다면 적어보세요.

주님과의 대화

BALM *Week 3*

Bless & Hospitality
이번 주에 했던 축복과 환대를 적어봅니다.

일시	축복하고 환대한 대상	축복하고 환대한 방법

축복과 환대를 위한 Idea

온라인 선물 발송하기, 전화하기, 문자나 톡 보내기, 생일 축하하기, 카페나 음식점에서 만나기, 책이나 선물 준비해서 주기, 집으로 초대해 함께 식사하기, 내 돈으로는 못 가볼 음식점 예약하기, 호텔에서의 쉼 제공하기, 필요한 교육 비용 제공하기, 가족여행을 위한 비용이나 숙박, 학비, 기숙사비, 병원비 등 큰 비용을 제공하기 등

Ask & Listen
이번 주에 말씀을 읽거나 기도하며 들었던 생각을 적어봅니다.

Learn Jesus

이번 주에 말씀을 필사하며 예수님에 관해 새롭게 알게 된 내용을 적어봅니다.

Move to the world

이번 주에 여러분이 속한 사회와 공동체가 더 건강해지는 데 기여한 일을 적어봅니다.

세상으로 나아가기 위한 Idea

기부하기, 화목하게 하기, 온전하게 하기, 아름답게 하기, 저항하기, 설득하기, 감사하기 등

Chapter 4

보호,
간음 중 끌려온 여인

Day 1

2 아침에 다시 성전으로 들어오시니 백성이 다 나아오는지라 앉으사 그들을 가르치시더니 3 서기관들과 바리새인들이 음행중에 잡힌 여자를 끌고 와서 가운데 세우고 4 예수께 말하되 선생이여 이 여자가 간음하다가 현장에서 잡혔나이다

필사 Note

주님과의 대화

1. 오늘 말씀에서 발견한 예수님은 어떤 분이신가요?

2. 오늘 예수님과 어떤 이야기를 나누고 싶으신가요? 마음에 품은 물음이나 고민이 있다면
   자유롭게 적어보세요.

   "

   "

3. 주님은 당신의 이야기와 질문에 무엇이라고 대답하시는 것 같나요? 마음에 떠오르는 생각이나
   말씀, 행동이 있다면 적어보세요.

   "

   "

Day 2

5 모세는 율법에 이러한 여자를 돌로 치라 명하였거니와 선생은 어떻게 말하겠나이까 6 그들이 이렇게 말함은 고발할 조건을 얻고자 하여 예수를 시험함이러라 예수께서 몸을 굽히사 손가락으로 땅에 쓰시니 7 그들이 묻기를 마지 아니하는지라 이에 일어나 이르시되 너희 중에 죄 없는 자가 먼저 돌로 치라 하시고 8 다시 몸을 굽혀 손가락으로 땅에 쓰시니 9 그들이 이 말씀을 듣고 양심에 가책을 느껴 어른으로 시작하여 젊은이까지 하나씩 하나씩 나가고 오직 예수와 그 가운데 섰는 여자만 남았더라

필사 Note

주님과의 대화

1. 오늘 말씀에서 발견한 예수님은 어떤 분이신가요?

2. 오늘 예수님과 어떤 이야기를 나누고 싶으신가요? 마음에 품은 물음이나 고민이 있다면
   자유롭게 적어보세요.

3. 주님은 당신의 이야기와 질문에 무엇이라고 대답하시는 것 같나요? 마음에 떠오르는 생각이나
   말씀, 행동이 있다면 적어보세요.

Day 3

10 예수께서 일어나사 여자 외에 아무도 없는 것을 보시고 이르시되 여자여 너를 고발하던 그들이 어디 있느냐 너를 정죄한 자가 없느냐 11 대답하되 주여 없나이다 예수께서 이르시되 나도 너를 정죄하지 아니하노니 가서 다시는 죄를 범하지 말라 하시니라

필사 Note

1. 오늘 말씀에서 발견한 예수님은 어떤 분이신가요?

2. 오늘 예수님과 어떤 이야기를 나누고 싶으신가요? 마음에 품은 물음이나 고민이 있다면
   자유롭게 적어보세요.

   "

   "

3. 주님은 당신의 이야기와 질문에 무엇이라고 대답하시는 것 같나요? 마음에 떠오르는 생각이나
   말씀, 행동이 있다면 적어보세요.

   "

   "

Day 4

3 너희에게나 다른 사람에게나 판단 받는 것이 내게는 매우 작은 일이라 나도 나를 판단하지 아니하노니 4 내가 자책할 아무 것도 깨닫지 못하나 이로 말미암아 의롭다 함을 얻지 못하노라 다만 나를 심판하실 이는 주시니라 5 그러므로 때가 이르기 전 곧 주께서 오시기까지 아무 것도 판단하지 말라 그가 어둠에 감추인 것들을 드러내고 마음의 뜻을 나타내시리니 그 때에 각 사람에게 하나님으로부터 칭찬이 있으리라

필사 Note

주님과의 대화

1. 오늘 말씀에서 발견한 예수님은 어떤 분이신가요?

2. 오늘 예수님과 어떤 이야기를 나누고 싶으신가요? 마음에 품은 물음이나 고민이 있다면
   자유롭게 적어보세요.

3. 주님은 당신의 이야기와 질문에 무엇이라고 대답하시는 것 같나요? 마음에 떠오르는 생각이나
   말씀, 행동이 있다면 적어보세요.

Day 5

열왕기상 3:9

누가 주의 이 많은 백성을 재판할 수 있사오리이까 듣는 마음을 종에게 주사 주의 백성을 재판하여 선악을 분별하게 하옵소서

필사 Note

주님과의 대화

1. 오늘 말씀에서 발견한 예수님은 어떤 분이신가요?

2. 오늘 예수님과 어떤 이야기를 나누고 싶으신가요? 마음에 품은 물음이나 고민이 있다면
   자유롭게 적어보세요.

"

"

3. 주님은 당신의 이야기와 질문에 무엇이라고 대답하시는 것 같나요? 마음에 떠오르는 생각이나
   말씀, 행동이 있다면 적어보세요.

"

"

BALM *Week 4*

Bless & Hospitality

이번 주에 했던 축복과 환대를 적어봅니다.

일시	축복하고 환대한 대상	축복하고 환대한 방법

축복과 환대를 위한 Idea

온라인 선물 발송하기, 전화하기, 문자나 톡 보내기, 생일 축하하기, 카페나 음식점에서 만나기, 책이나 선물 준비해서 주기, 집으로 초대해 함께 식사하기, 내 돈으로는 못 가볼 음식점 예약하기, 호텔에서의 쉼 제공하기, 필요한 교육 비용 제공하기, 가족여행을 위한 비용이나 숙박, 학비, 기숙사비, 병원비 등 큰 비용을 제공하기 등

Ask & Listen

이번 주에 말씀을 읽거나 기도하며 들었던 생각을 적어봅니다.

Learn Jesus

이번 주에 말씀을 필사하며 예수님에 관해 새롭게 알게 된 내용을 적어봅니다.

Move to the world

이번 주에 여러분이 속한 사회와 공동체가 더 건강해지는 데 기여한 일을 적어봅니다.

세상으로 나아가기 위한 Idea

기부하기, 화목하게 하기, 온전하게 하기, 아름답게 하기, 저항하기, 설득하기, 감사하기 등

Chapter 5

긍휼,
선한 사마리아인

Day 1

누가복음 10:30~32

30 예수께서 대답하여 이르시되 어떤 사람이 예루살렘에서 여리고로 내려가다가 강도를 만나매 강도들이 그 옷을 벗기고 때려 거의 죽은 것을 버리고 갔더라 31 마침 한 제사장이 그 길로 내려가다가 그를 보고 피하여 지나가고 32 또 이와 같이 한 레위인도 그 곳에 이르러 그를 보고 피하여 지나가되

필사 Note

주님과의 대화

1. 오늘 말씀에서 발견한 예수님은 어떤 분이신가요?

2. 오늘 예수님과 어떤 이야기를 나누고 싶으신가요? 마음에 품은 물음이나 고민이 있다면
   자유롭게 적어보세요.

3. 주님은 당신의 이야기와 질문에 무엇이라고 대답하시는 것 같나요? 마음에 떠오르는 생각이나
   말씀, 행동이 있다면 적어보세요.

주님과의 대화

Day 2

33 어떤 사마리아 사람은 여행하는 중 거기 이르러 그를 보고 불쌍히 여겨 34 가까이 가서 기름과 포도주를 그 상처에 붓고 싸매고 자기 짐승에 태워 주막으로 데리고 가서 돌보아 주니라 35 그 이튿날 그가 주막 주인에게 데나리온 둘을 내어 주며 이르되 이 사람을 돌보아 주라 비용이 더 들면 내가 돌아올 때에 갚으리라 하였으니

필사 Note

주님과의 대화

1. 오늘 말씀에서 발견한 예수님은 어떤 분이신가요?

2. 오늘 예수님과 어떤 이야기를 나누고 싶으신가요? 마음에 품은 물음이나 고민이 있다면
   자유롭게 적어보세요.

3. 주님은 당신의 이야기와 질문에 무엇이라고 대답하시는 것 같나요? 마음에 떠오르는 생각이나
   말씀, 행동이 있다면 적어보세요.

Day 3

누가복음 10:25~27

25 어떤 율법교사가 일어나 예수를 시험하여 이르되 선생님 내가 무엇을 하여야 영생을 얻으리이까 26 예수께서 이르시되 율법에 무엇이라 기록되었으며 네가 어떻게 읽느냐 27 대답하여 이르되 네 마음을 다하며 목숨을 다하며 힘을 다하며 뜻을 다하여 주 너의 하나님을 사랑하고 또한 네 이웃을 네 자신 같이 사랑하라 하였나이다

필사 Note

주님과의 대화

1. 오늘 말씀에서 발견한 예수님은 어떤 분이신가요?

2. 오늘 예수님과 어떤 이야기를 나누고 싶으신가요? 마음에 품은 물음이나 고민이 있다면
   자유롭게 적어보세요.

3. 주님은 당신의 이야기와 질문에 무엇이라고 대답하시는 것 같나요? 마음에 떠오르는 생각이나
   말씀, 행동이 있다면 적어보세요.

Day 4

28 예수께서 이르시되 네 대답이 옳도다 이를 행하라 그러면 살리라 하시니

29 그 사람이 자기를 옳게 보이려고 예수께 여짜오되 그러면 내 이웃이 누구니이까

필사 Note

주님과의 대화

1. 오늘 말씀에서 발견한 예수님은 어떤 분이신가요?

2. 오늘 예수님과 어떤 이야기를 나누고 싶으신가요? 마음에 품은 물음이나 고민이 있다면
   자유롭게 적어보세요.

   “

   ”

3. 주님은 당신의 이야기와 질문에 무엇이라고 대답하시는 것 같나요? 마음에 떠오르는 생각이나
   말씀, 행동이 있다면 적어보세요.

   “

   ”

주님과의 대화

Day 5

누가복음 10:36~37

36 네 생각에는 이 세 사람 중에 누가 강도 만난 자의 이웃이 되겠느냐

37 이르되 자비를 베푼 자니이다 예수께서 이르시되 가서 너도 이와 같이 하라 하시니라

필사 Note

주님과의 대화

1. 오늘 말씀에서 발견한 예수님은 어떤 분이신가요?

2. 오늘 예수님과 어떤 이야기를 나누고 싶으신가요? 마음에 품은 물음이나 고민이 있다면
   자유롭게 적어보세요.

3. 주님은 당신의 이야기와 질문에 무엇이라고 대답하시는 것 같나요? 마음에 떠오르는 생각이나
   말씀, 행동이 있다면 적어보세요.

BALM *Week 5*

Bless & Hospitality

이번 주에 했던 축복과 환대를 적어봅니다.

일시	축복하고 환대한 대상	축복하고 환대한 방법

축복과 환대를 위한 Idea

온라인 선물 발송하기, 전화하기, 문자나 톡 보내기, 생일 축하하기, 카페나 음식점에서 만나기, 책이나 선물 준비해서 주기, 집으로 초대해 함께 식사하기, 내 돈으로는 못 가볼 음식점 예약하기, 호텔에서의 쉼 제공하기, 필요한 교육 비용 제공하기, 가족여행을 위한 비용이나 숙박, 학비, 기숙사비, 병원비 등 큰 비용을 제공하기 등

Ask & Listen

이번 주에 말씀을 읽거나 기도하며 들었던 생각을 적어봅니다.

Learn Jesus

이번 주에 말씀을 필사하며 예수님에 관해 새롭게 알게 된 내용을 적어봅니다.

Move to the world

이번 주에 여러분이 속한 사회와 공동체가 더 건강해지는 데 기여한 일을 적어봅니다.

세상으로 나아가기 위한 Idea

기부하기, 화목하게 하기, 온전하게 하기, 아름답게 하기, 저항하기, 설득하기, 감사하기 등

Chapter 6

나눔,
어리석은 부자

Day 1

13 무리 중에 한 사람이 이르되 선생님 내 형을 명하여 유산을 나와 나누게 하소서 하니 **14** 이르시되 이 사람아 누가 나를 너희의 재판장이나 물건 나누는 자로 세웠느냐 하시고 **15** 그들에게 이르시되 삼가 모든 탐심을 물리치라 사람의 생명이 그 소유의 넉넉한 데 있지 아니하니라 하시고 **16** 또 비유로 그들에게 말하여 이르시되 한 부자가 그 밭에 소출이 풍성하매 **17** 심중에 생각하여 이르되 내가 곡식 쌓아 둘 곳이 없으니 어찌할까 하고 **18** 또 이르되 내가 이렇게 하리라 내 곳간을 헐고 더 크게 짓고 내 모든 곡식과 물건을 거기 쌓아 두리라 **19** 또 내가 내 영혼에게 이르되 영혼아 여러 해 쓸 물건을 많이 쌓아 두었으니 평안히 쉬고 먹고 마시고 즐거워하자 하리라 하되 **20** 하나님은 이르시되 어리석은 자여 오늘 밤에 네 영혼을 도로 찾으리니 그러면 네 준비한 것이 누구의 것이 되겠느냐 하셨으니

필사 Note

주님과의 대화

1. 오늘 말씀에서 발견한 예수님은 어떤 분이신가요?

2. 오늘 예수님과 어떤 이야기를 나누고 싶으신가요? 마음에 품은 물음이나 고민이 있다면
   자유롭게 적어보세요.

3. 주님은 당신의 이야기와 질문에 무엇이라고 대답하시는 것 같나요? 마음에 떠오르는 생각이나
   말씀, 행동이 있다면 적어보세요.

Day 2

그러므로 땅에 있는 지체를 죽이라 곧 음란과 부정과 사욕과 악한 정욕과 탐심이니 탐심은 우상 숭배니라

에베소서 5:5

너희도 정녕 이것을 알거니와 음행하는 자나 더러운 자나 탐하는 자 곧 우상 숭배자는 다 그리스도와 하나님의 나라에서 기업을 얻지 못하리니

누가복음 12:21

자기를 위하여 재물을 쌓아 두고 하나님께 대하여 부요하지 못한 자가 이와 같으니라

필사 Note

주님과의 대화

1. 오늘 말씀에서 발견한 예수님은 어떤 분이신가요?

2. 오늘 예수님과 어떤 이야기를 나누고 싶으신가요? 마음에 품은 물음이나 고민이 있다면
   자유롭게 적어보세요.

3. 주님은 당신의 이야기와 질문에 무엇이라고 대답하시는 것 같나요? 마음에 떠오르는 생각이나
   말씀, 행동이 있다면 적어보세요.

주님과의 대화

Day 3

시편 24:1

땅과 거기에 충만한 것과 세계와 그 가운데 사는 자들은 다 여호와의 것이로다

신명기 8:17~18

17 그러나 네가 마음에 이르기를 내 능력과 내 손의 힘으로 내가 이 재물을 얻었다 말할 것이라 18 네 하나님 여호와를 기억하라 그가 네게 재물 얻을 능력을 주셨음이라

필사 Note

주님과의 대화

1. 오늘 말씀에서 발견한 예수님은 어떤 분이신가요?

2. 오늘 예수님과 어떤 이야기를 나누고 싶으신가요? 마음에 품은 물음이나 고민이 있다면
   자유롭게 적어보세요.

3. 주님은 당신의 이야기와 질문에 무엇이라고 대답하시는 것 같나요? 마음에 떠오르는 생각이나
   말씀, 행동이 있다면 적어보세요.

주님과의 대화

Day 4

잠언 19:17

가난한 자를 불쌍히 여기는 것은 여호와께 꾸어 드리는 것이니 그의 선행을 그에게 갚아 주
시리라

디모데전서 6:17~18

17 네가 이 세대에서 부한 자들을 명하여 마음을 높이지 말고 정함이 없는 재물에 소망을
두지 말고 오직 우리에게 모든 것을 후히 주사 누리게 하시는 하나님께 두며 18 선을 행하
고 선한 사업을 많이 하고 나누어 주기를 좋아하며 너그러운 자가 되게 하라

전도서 7:14

형통한 날에는 기뻐하고 곤고한 날에는 되돌아 보아라 이 두 가지를 하나님이 병행하게
하사 사람이 그의 장래 일을 능히 헤아려 알지 못하게 하셨느니라

필사 Note

주님과의 대화

1. 오늘 말씀에서 발견한 예수님은 어떤 분이신가요?

2. 오늘 예수님과 어떤 이야기를 나누고 싶으신가요? 마음에 품은 물음이나 고민이 있다면
   자유롭게 적어보세요.

3. 주님은 당신의 이야기와 질문에 무엇이라고 대답하시는 것 같나요? 마음에 떠오르는 생각이나
   말씀, 행동이 있다면 적어보세요.

Day 5

마태복음 6:24~26

24 한 사람이 두 주인을 섬기지 못할 것이니 혹 이를 미워하고 저를 사랑하거나 혹 이를 중히 여기고 저를 경히 여김이라 너희가 하나님과 재물을 겸하여 섬기지 못하느니라 25 그러므로 내가 너희에게 이르노니 목숨을 위하여 무엇을 먹을까 무엇을 마실까 몸을 위하여 무엇을 입을까 염려하지 말라 목숨이 음식보다 중하지 아니하며 몸이 의복보다 중하지 아니하냐 26 공중의 새를 보라 심지도 않고 거두지도 않고 창고에 모아들이지도 아니하되 너희 하늘 아버지께서 기르시나니 너희는 이것들보다 귀하지 아니하냐

필사 Note

1. 오늘 말씀에서 발견한 예수님은 어떤 분이신가요?

2. 오늘 예수님과 어떤 이야기를 나누고 싶으신가요? 마음에 품은 물음이나 고민이 있다면
   자유롭게 적어보세요.

    "

    "

3. 주님은 당신의 이야기와 질문에 무엇이라고 대답하시는 것 같나요? 마음에 떠오르는 생각이나
   말씀, 행동이 있다면 적어보세요.

    "

    "

주님과의 대화

BALM *Week 6*

Bless & Hospitality
이번 주에 했던 축복과 환대를 적어봅니다.

일시	축복하고 환대한 대상	축복하고 환대한 방법

축복과 환대를 위한 Idea

온라인 선물 발송하기, 전화하기, 문자나 톡 보내기, 생일 축하하기, 카페나 음식점에서 만나기, 책이나 선물 준비해서 주기, 집으로 초대해 함께 식사하기, 내 돈으로는 못 가볼 음식점 예약하기, 호텔에서의 쉼 제공하기, 필요한 교육 비용 제공하기, 가족여행을 위한 비용이나 숙박, 학비, 기숙사비, 병원비 등 큰 비용을 제공하기 등

Ask & Listen
이번 주에 말씀을 읽거나 기도하며 들었던 생각을 적어봅니다.

Learn Jesus

이번 주에 말씀을 필사하며 예수님에 관해 새롭게 알게 된 내용을 적어봅니다.

Move to the world

이번 주에 여러분이 속한 사회와 공동체가 더 건강해지는 데 기여한 일을 적어봅니다.

세상으로 나아가기 위한 Idea

기부하기, 화목하게 하기, 온전하게 하기, 아름답게 하기, 저항하기, 설득하기, 감사하기 등

Chapter 7

은혜,
포도원 주인

Day 1

1 천국은 마치 품꾼을 얻어 포도원에 들여보내려고 이른 아침에 나간 집 주인과 같으니 2 그가 하루 한 데나리온씩 품꾼들과 약속하여 포도원에 들여보내고 3 또 제삼시에 나가 보니 장터에 놀고 서 있는 사람들이 또 있는지라 4 그들에게 이르되 너희도 포도원에 들어가라 내가 너희에게 상당하게 주리라 하니 그들이 가고 5 제육시와 제구시에 또 나가 그와 같이 하고 6 제십일시에도 나가 보니 서 있는 사람들이 또 있는지라 이르되 너희는 어찌하여 종일토록 놀고 여기 서 있느냐 7 이르되 우리를 품꾼으로 쓰는 이가 없음이니이다 이르되 너희도 포도원에 들어가라 하니라

필사 Note

주님과의 대화

1. 오늘 말씀에서 발견한 예수님은 어떤 분이신가요?

2. 오늘 예수님과 어떤 이야기를 나누고 싶으신가요? 마음에 품은 물음이나 고민이 있다면
   자유롭게 적어보세요.

3. 주님은 당신의 이야기와 질문에 무엇이라고 대답하시는 것 같나요? 마음에 떠오르는 생각이나
   말씀, 행동이 있다면 적어보세요.

주님과의 대화

Day 2

마태복음 20:8~12

8 저물매 포도원 주인이 청지기에게 이르되 품꾼들을 불러 나중 온 자로부터 시작하여 먼저 온 자까지 삯을 주라 하니 9 제십일시에 온 자들이 와서 한 데나리온씩을 받거늘 10 먼저 온 자들이 와서 더 받을 줄 알았더니 그들도 한 데나리온씩 받은지라 11 받은 후 집 주인을 원망하여 이르되 12 나중 온 이 사람들은 한 시간밖에 일하지 아니하였거늘 그들을 종일 수고하며 더위를 견딘 우리와 같게 하였나이다

필사 Note

주님과의 대화

1. 오늘 말씀에서 발견한 예수님은 어떤 분이신가요?

2. 오늘 예수님과 어떤 이야기를 나누고 싶으신가요? 마음에 품은 물음이나 고민이 있다면
   자유롭게 적어보세요.

3. 주님은 당신의 이야기와 질문에 무엇이라고 대답하시는 것 같나요? 마음에 떠오르는 생각이나
   말씀, 행동이 있다면 적어보세요.

Day 3

13 주인이 그 중의 한 사람에게 대답하여 이르되 친구여 내가 네게 잘못한 것이 없노라 네가 나와 한 데나리온의 약속을 하지 아니하였느냐 14 네 것이나 가지고 가라 나중 온 이 사람에게 너와 같이 주는 것이 내 뜻이니라 15 내 것을 가지고 내 뜻대로 할 것이 아니냐 내가 선하므로 네가 악하게 보느냐 16 이와 같이 나중 된 자로서 먼저 되고 먼저 된 자로서 나중 되리라

필사 Note

주님과의 대화

1. 오늘 말씀에서 발견한 예수님은 어떤 분이신가요?

2. 오늘 예수님과 어떤 이야기를 나누고 싶으신가요? 마음에 품은 물음이나 고민이 있다면
   자유롭게 적어보세요.

3. 주님은 당신의 이야기와 질문에 무엇이라고 대답하시는 것 같나요? 마음에 떠오르는 생각이나
   말씀, 행동이 있다면 적어보세요.

Day 4

마태복음 19:16~23

16 어떤 사람이 주께 와서 이르되 선생님이여 내가 무슨 선한 일을 하여야 영생을 얻으리이까 17 예수께서 이르시되 어찌하여 선한 일을 내게 묻느냐 선한 이는 오직 한 분이시니라 네가 생명에 들어 가려면 계명들을 지키라 18 이르되 어느 계명이오니이까 예수께서 이르시되 살인하지 말라, 간음하지 말라, 도둑질하지 말라, 거짓 증언 하지 말라, 19 네 부모를 공경하라, 네 이웃을 네 자신과 같이 사랑하라 하신 것이니라 20 그 청년이 이르되 이 모든 것을 내가 지키었사온대 아직도 무엇이 부족하니이까 21 예수께서 이르시되 네가 온전하고자 할진대 가서 네 소유를 팔아 가난한 자들에게 주라 그리하면 하늘에서 보화가 네게 있으리라 그리고 와서 나를 따르라 하시니 22 그 청년이 재물이 많으므로 이 말씀을 듣고 근심하며 가니라 23 예수께서 제자들에게 이르시되 내가 진실로 너희에게 이르노니 부자는 천국에 들어가기가 어려우니라

필사 Note

주님과의 대화

1. 오늘 말씀에서 발견한 예수님은 어떤 분이신가요?

2. 오늘 예수님과 어떤 이야기를 나누고 싶으신가요? 마음에 품은 물음이나 고민이 있다면
   자유롭게 적어보세요.

3. 주님은 당신의 이야기와 질문에 무엇이라고 대답하시는 것 같나요? 마음에 떠오르는 생각이나
   말씀, 행동이 있다면 적어보세요.

Day 5

마태복음 19:27~30

27 이에 베드로가 대답하여 이르되 보소서 우리가 모든 것을 버리고 주를 따랐사온대 그런즉 우리가 무엇을 얻으리이까 28 예수께서 이르시되 내가 진실로 너희에게 이르노니 세상이 새롭게 되어 인자가 자기 영광의 보좌에 앉을 때에 나를 따르는 너희도 열두 보좌에 앉아 이스라엘 열두 지파를 심판하리라 29 또 내 이름을 위하여 집이나 형제나 자매나 부모나 자식이나 전토를 버린 자마다 여러 배를 받고 또 영생을 상속하리라 30 그러나 먼저 된 자로서 나중 되고 나중 된 자로서 먼저 될 자가 많으니라

필사 Note

주님과의 대화

1. 오늘 말씀에서 발견한 예수님은 어떤 분이신가요?

2. 오늘 예수님과 어떤 이야기를 나누고 싶으신가요? 마음에 품은 물음이나 고민이 있다면
   자유롭게 적어보세요.

   ❝

   ❞

3. 주님은 당신의 이야기와 질문에 무엇이라고 대답하시는 것 같나요? 마음에 떠오르는 생각이나
   말씀, 행동이 있다면 적어보세요.

   ❝

   ❞

주님과의 대화

BALM *Week 7*

Bless & Hospitality

이번 주에 했던 축복과 환대를 적어봅니다.

일시	축복하고 환대한 대상	축복하고 환대한 방법

축복과 환대를 위한 Idea

온라인 선물 발송하기, 전화하기, 문자나 톡 보내기, 생일 축하하기, 카페나 음식점에서 만나기, 책이나 선물 준비해서 주기, 집으로 초대해 함께 식사하기, 내 돈으로는 못 가볼 음식점 예약하기, 호텔에서의 쉼 제공하기, 필요한 교육 비용 제공하기, 가족여행을 위한 비용이나 숙박, 학비, 기숙사비, 병원비 등 큰 비용을 제공하기 등

Ask & Listen

이번 주에 말씀을 읽거나 기도하며 들었던 생각을 적어봅니다.

Learn Jesus

이번 주에 말씀을 필사하며 예수님에 관해 새롭게 알게 된 내용을 적어봅니다.

Move to the world

이번 주에 여러분이 속한 사회와 공동체가 더 건강해지는 데 기여한 일을 적어봅니다.

세상으로 나아가기 위한 Idea

기부하기, 화목하게 하기, 온전하게 하기, 아름답게 하기, 저항하기, 설득하기, 감사하기 등

Chapter 8

충성,
귀인과 열 므나

Day 1

12 이르시되 어떤 귀인이 왕위를 받아가지고 오려고 먼 나라로 갈 때에 13 그 종 열을 불러 은화 열 므나를 주며 이르되 내가 돌아올 때까지 장사하라 하니라 14 그런데 그 백성이 그를 미워하여 사자를 뒤로 보내어 이르되 우리는 이 사람이 우리의 왕 됨을 원하지 아니하나이다 하였더라

필사 Note

주님과의 대화

1. 오늘 말씀에서 발견한 예수님은 어떤 분이신가요?

2. 오늘 예수님과 어떤 이야기를 나누고 싶으신가요? 마음에 품은 물음이나 고민이 있다면
   자유롭게 적어보세요.

3. 주님은 당신의 이야기와 질문에 무엇이라고 대답하시는 것 같나요? 마음에 떠오르는 생각이나
   말씀, 행동이 있다면 적어보세요.

주님과의 대화

Day 2

15 귀인이 왕위를 받아가지고 돌아와서 은화를 준 종들이 각각 어떻게 장사하였는지를 알고자 하여 그들을 부르니 16 그 첫째가 나아와 이르되 주인이여 당신의 한 므나로 열 므나를 남겼나이다 17 주인이 이르되 잘하였다 착한 종이여 네가 지극히 작은 것에 충성하였으니 열 고을 권세를 차지하라 하고 18 그 둘째가 와서 이르되 주인이여 당신의 한 므나로 다섯 므나를 만들었나이다 19 주인이 그에게도 이르되 너도 다섯 고을을 차지하라 하고

필사 Note

주님과의 대화

1. 오늘 말씀에서 발견한 예수님은 어떤 분이신가요?

2. 오늘 예수님과 어떤 이야기를 나누고 싶으신가요? 마음에 품은 물음이나 고민이 있다면
   자유롭게 적어보세요.

“

”

3. 주님은 당신의 이야기와 질문에 무엇이라고 대답하시는 것 같나요? 마음에 떠오르는 생각이나
   말씀, 행동이 있다면 적어보세요.

“

”

주님과의 대화

Day 3

20 또 한 사람이 와서 이르되 주인이여 보소서 당신의 한 므나가 여기 있나이다 내가 수건으로 싸 두었었나이다 21 이는 당신이 엄한 사람인 것을 내가 무서워함이라 당신은 두지 않은 것을 취하고 심지 않은 것을 거두나이다 22 주인이 이르되 악한 종아 내가 네 말로 너를 심판하노니 너는 내가 두지 않은 것을 취하고 심지 않은 것을 거두는 엄한 사람인 줄로 알았느냐 23 그러면 어찌하여 내 돈을 은행에 맡기지 아니하였느냐 그리하였으면 내가 와서 그 이자와 함께 그 돈을 찾았으리라 하고 24 곁에 섰는 자들에게 이르되 그 한 므나를 빼앗아 열 므나 있는 자에게 주라 하니

필사 Note

1. 오늘 말씀에서 발견한 예수님은 어떤 분이신가요?

2. 오늘 예수님과 어떤 이야기를 나누고 싶으신가요? 마음에 품은 물음이나 고민이 있다면
   자유롭게 적어보세요.

3. 주님은 당신의 이야기와 질문에 무엇이라고 대답하시는 것 같나요? 마음에 떠오르는 생각이나
   말씀, 행동이 있다면 적어보세요.

Day 4

누가복음 19:25~27

25 그들이 이르되 주여 그에게 이미 열 므나가 있나이다 26 주인이 이르되 내가 너희에게 말하노니 무릇 있는 자는 받겠고 없는 자는 그 있는 것도 빼앗기리라 27 그리고 내가 왕 됨을 원하지 아니하던 저 원수들을 이리로 끌어다가 내 앞에서 죽이라 하였느니라

필사 Note

1. 오늘 말씀에서 발견한 예수님은 어떤 분이신가요?

2. 오늘 예수님과 어떤 이야기를 나누고 싶으신가요? 마음에 품은 물음이나 고민이 있다면
   자유롭게 적어보세요.

“

”

3. 주님은 당신의 이야기와 질문에 무엇이라고 대답하시는 것 같나요? 마음에 떠오르는 생각이나
   말씀, 행동이 있다면 적어보세요.

“

”

Day 5

9 예수께서 이르시되 오늘 구원이 이 집에 이르렀으니 이 사람도 아브라함의 자손임이로다 10 인자가 온 것은 잃어버린 자를 찾아 구원하려 함이니라 11 그들이 이 말씀을 듣고 있을 때에 비유를 더하여 말씀하시니 이는 자기가 예루살렘에 가까이 오셨고 그들은 하나님의 나라가 당장에 나타날 줄로 생각함이더라

필사 Note

주님과의 대화

1. 오늘 말씀에서 발견한 예수님은 어떤 분이신가요?

2. 오늘 예수님과 어떤 이야기를 나누고 싶으신가요? 마음에 품은 물음이나 고민이 있다면
   자유롭게 적어보세요.

3. 주님은 당신의 이야기와 질문에 무엇이라고 대답하시는 것 같나요? 마음에 떠오르는 생각이나
   말씀, 행동이 있다면 적어보세요.

주님과의 대화

BALM *Week 8*

Bless & Hospitality

이번 주에 했던 축복과 환대를 적어봅니다.

일시	축복하고 환대한 대상	축복하고 환대한 방법

축복과 환대를 위한 Idea

온라인 선물 발송하기, 전화하기, 문자나 톡 보내기, 생일 축하하기, 카페나 음식점에서 만나기, 책이나 선물 준비해서 주기, 집으로 초대해 함께 식사하기, 내 돈으로는 못 가볼 음식점 예약하기, 호텔에서의 쉼 제공하기, 필요한 교육 비용 제공하기, 가족여행을 위한 비용이나 숙박, 학비, 기숙사비, 병원비 등 큰 비용을 제공하기 등

Ask & Listen

이번 주에 말씀을 읽거나 기도하며 들었던 생각을 적어봅니다.

Learn Jesus

이번 주에 말씀을 필사하며 예수님에 관해 새롭게 알게 된 내용을 적어봅니다.

Move to the world

이번 주에 여러분이 속한 사회와 공동체가 더 건강해지는 데 기여한 일을 적어봅니다.

세상으로 나아가기 위한 Idea

기부하기, 화목하게 하기, 온전하게 하기, 아름답게 하기, 저항하기, 설득하기, 감사하기 등

여정 필사노트 Season 3. 성도의 삶

초판 1쇄 발행   2025년 6월 9일
지은이   이연임
기획   정강욱 이연임
편집   백예인
디자인   김형진
출판   리얼러닝
주소   서울시 마포구 어울마당로1길 18, 2층
전화   02-337-0333
이메일   withreallearning@gmail.com
출판등록   제 406-2020-000085호
ISBN   979-11-991584-3-6